IN SEARCH OF THE FREE INDIVIDUAL

First published 2018 by Cornell University Press

Printed in the United States of America

ISBN 978-1-5017-2690-3

# IN SEARCH OF THE FREE INDIVIDUAL

## The History of the Russian-Soviet Soul

### SVETLANA ALEXIEVICH

WINNER OF THE 2015 NOBEL PRIZE
IN LITERATURE

2016-17 Henry E. and Nancy Horton Bartels
World Affairs Fellowship Lecture

September 12, 2016
Cornell University

## CORNELL GLOBAL PERSPECTIVES

MARIO EINAUDI
Center *for*
International Studies

CORNELL UNIVERSITY PRESS

Ithaca

Svetlana Alexievich was the 2016-17 Henry E. and Nancy Horton Bartels World Affairs Fellow at the Mario Einaudi Center for International Studies at Cornell University. Her public lecture was delivered in Russian. The text was translated for publication by Jamey Gambrell.

**I LOVE LIFE IN ITS LIVING FORM**, life that's found on the street, in human conversations, shouts, and moans. That sort of life is genuine, not yet shaped by someone else's ideas or talents.

This probably comes from my childhood. My parents were village teachers and there were always plenty of books at home. But in the evenings, I was drawn away from books to the benches outside where the women of the village gathered. It was the post-war period, when young boys were still getting themselves blown up in the forest by German and partisan mines. As far as I remember, only women lived in the village. No men had returned from the war. In the evenings, after milking the cows and finishing up the housework, the women would sit outside and talk about life and death. They talked about the war: how they saw their loved ones off, how they waited for them. How they believed the gypsy women who promised them miracles. It seems to me that I learned everything there was to know about love from their stories. Their stories affected me more than books. Life seemed mysterious and frightening.

It took me a long time to find a genre that corresponded to the way I viewed the world... to the way my eyes saw and ears heard... a genre that corresponded to my memory.

I chose the genre of the human voice. In my books, ordinary people, the ones we still refer to as the "little men" or women, talk about themselves. I discover my books on the street, I hear them outdoors. Sometimes I spend an entire day with one person. It's important to catch words in flight, as they're born. It's important not to miss the conversational part of life, which we often neglect, dismiss as unimportant, leaving it to disappear in the bustle of life, in the darkness of time. It seems surprising that this could be literature. But I want to make every bit of our life into literature. Including ordinary, everyday words.

For over 30 years I chronicled the "Red Empire." This unprecedented communist project spanned a vast territory and affected an enormous number of people—over 200 million. The Russian Bolsheviks attempted to remake man, ancient Adam, into a new type of human being—*Homo sovieticus*. The "Red Man" that I write about is a creation of the Soviet idea, the builder of communism, as he called himself. This chronicle comprises five books, but they are really one book about the history of the Russian-Soviet soul. They cover a period of almost one hundred years and several generations. I managed to speak to people who had seen Lenin and Stalin, who did time in Stalinist labor camps, but believed in Stalin, cherished their party membership cards, those little red booklets with the leaders' profiles embossed on the cover. I remember an old woman who seemed to me to have risen from the dead. She was a communist who had spent 17 years—her entire sentence—in a distant corner of Siberia and miraculously survived. And yet she threatened to denounce me to the KGB because I was slandering the great leader and a great, heroic era. Communism was their religion.

For most of my life I lived among them, I lived the same life. My father was one of them; he believed in the party until the end, and asked that his party card be buried with him. This was the last generation to be mortally infected with communism. Bewitched by utopia.

We are their children, but we don't understand them. The protagonists of my more recent books are different. They talked about fighting in Afghanistan but didn't understand what cause they were supposed to be dying for; they talked about shoveling melted graphite off the roof of the Chernobyl reactor, doing work that should be done by robots. About the collapse of the mighty Red Empire, and how they were left behind, disoriented in this new world.

I am interested in domestic socialism, not heroic, pompous, public displays, but the socialism that lives in human souls. I reduce the great and grand to human scale. I am a historian of the soul. For me, feelings are also documents. I study missing history, the things that history usually overlooks. History is often arrogant, and dismissive of what is small and human. A whole choir sounds in each of my books, but the individual human voice can always be heard. For me, human beings exist simultaneously in two worlds—in a specific time, and in the universe, the eternal. I spent five to seven years writing each book, and in each case recorded somewhere between 500 and 700 people of different ages and different professions—because the woman who fired a machine gun saw one war, and the woman piloting a bomber may not have seen a single person die during the war, she only saw the sky. The machine gunner talked about hand-to-hand combat, when a human isn't human anymore, just an animal who wants to live, a creature that slices and stabs—at the eyes, the heart, the stomach....

I gather my books from hundreds of details, nuances, shades, and tints. Sometimes an entire day of conversation produces only a single phrase. But what a phrase! "I was so little when I left for the front that I got taller during the war." Once I sat for four hours with a woman who was a submachine gunner during the war, and all I heard from her were banal newspaper platitudes: "The war began, and we Soviet girls rushed to the front along with the men. That's how the motherland raised us." I wanted to leave the house, I couldn't see how I could possibly break through the clichés. The propaganda. The male canon. Often, the women I spoke to wanted to tell their stories like men. But I was looking for specifics, for smells and subtleties, the kinds of things that distinguish a woman's war from a man's. And then, when I was putting on my coat, just about ready to leave, the same woman said: "Stay a bit longer. Let me tell you...you could never imagine how frightening it is to die at dawn. The birds are singing, it's quiet, and in a few minutes you'll get the order: 'Fire!' The grass is so clean, the air is so pure, but you have to die." This is where literature begins. And later, at the end of the conversation she told me: "After the battle we would walk through the fields and look for the living—maybe someone had survived somehow. Soldiers were scattered across the trampled wheat like potatoes, they just stared at the sky—Germans, and our soldiers, too. They were all so young, handsome. We felt sorry for all of them."

It was never my goal to put together a collection of horror stories, to overwhelm the reader. I was collecting the human. Dostoevsky asked the question: "How much of the human is there in a human being?" How can the human in this human being be protected? That's the question I'm looking to answer. I collect the human spirit. You may say: it's an ephemeral thing, too elusive. But art attempts to capture it. And every era has its own answers.

It takes a long time and a great deal of work to put together an image of a period from different stories. What kind of people lived at this time? What did they believe in? What were their fears? Their superstitions? Their perplexed speculations about the meaning of life? I always asked everyone who fought: how can a person live with the idea that he has the right to kill another human being? To kill and not to go mad? People died too easily and killed too easily for grand ideas. In order to hear something new, you have to ask in a new way. I have to be interesting to the person. I, too, have to tear myself away from the predatory clutches of my time, to stand at least a little bit to the side.

All of my books have had a hard time. Some, like *War's Unwomanly Face*, weren't published for many years. Others were taken to court in trials presided over by actual judges. *Boys in Zinc* was the subject of a lawsuit. When I saw Natasha M. in the courtroom, I was very surprised. I went up to her: "Why are you here, Natasha?" I asked. "You wanted me to write the whole truth, and I wrote it." I remember her son's small coffin, which could barely fit in the nine square meters of the barracks. She sat next to it, mad with grief, alternately sobbing quietly or shouting: "The coffin is so small, and you were so big, almost two meters tall; is that you in there, son? Answer your mama." She told me that they hadn't been able to find any valuables in the house in order to buy her son out of the war. "I would have given everything, I would have paid, like others did, but I didn't even have a pair of gold earrings. I want you to write that my son was a carpenter," she said, crying. "He was drafted into the army and on the very first day he was sent to renovate the generals' dachas, not for training. They didn't even teach him how to shoot. He was killed the first month." "What are you doing here, Natasha?" I couldn't believe it. "I wanted my son to be a hero, and you wrote that he was a killer. You wrote about how they killed...." What could I reply, if even all the suffering she endured hadn't made her free? We weren't just slaves, we were slavery's romantics.

*War's Unwomanly Face* wasn't published for three years: I was accused of "naturalism," and "pacifism." The censors were particularly indignant about an episode describing 200 young women soldiers marching. The men marching behind them tried not to look down at the sand, where there were drops of blood. It was that time of the month for many of the women, and they needed cotton, or something, but the Soviet army didn't issue those sorts of things. The women were ashamed. When they reached a ford crossing a river, the Germans began bombing. The men all hid, but the women rushed into the water to wash themselves—making an excellent target. Almost all of them were shot from the air. "Why are you bringing biology into it? You should be describing the heroism!" the censor shouted at me. I tried to argue that humans are made up of many things, including biology. I'm interested in the body as a connection between nature and history. Ideals can't be made of plaster, like monuments. In the end, that page was cut out of the first edition. I was able to reinstate it only 10 years later. During *perestroika*. The censor even deleted the following scene: I asked a woman, a former sniper, what she took to the war with her. Her answer: "A suitcase full of candy. I spent my entire last paycheck buying chocolates." And we laughed. "You call this history...these candies?" The censor was angry. "Yes, it's history," I replied. "These kinds of details make a huge impression."

Sometimes I am reproached because the people in my books are said to speak too beautifully. In love, and in contact with death, people always speak beautifully. At these moments they transcend their ordinary selves, they rise up on tiptoe. That is the kind of person I keep watch for. I look out for life, for people who have been shaken to the core by life. By the everyday. In telling his own story, a person creates; he doesn't copy reality, he creates. Memories are living creatures. People put their entire lives into their memories: what they read, what they thought about, whether they were happy or not. Documents evolve along with the human soul; it would be naive to think that they represent canonical knowledge, something immobile that is mechanically transferred from one time to another. After *perestroika* many of my subjects added entire pages to their stories, they became freer and looked into themselves more profoundly. Profoundly, and with greater courage. I would receive letters saying: "At the time I was afraid... You know how dangerous it was to talk about Stalin. We couldn't even tell the whole truth about the war. But now I've decided to write."

I, too, have changed over the years. I know more about people and have better intuition. Feelings are not a simple, linear, naked thing. A document can tell a story, elevate everything. But it has always tormented me that the truth doesn't fit into one heart or mind, that truth is so fragmented, there is a lot of it, and it's scattered about the world. I don't agree when people tell me that documents cannot tell us anything about the personal, the sacred. They are difficult subjects to write about, but it can be done. Who will believe a person without this...without the heart?

My subjects would often say things like: "I can tell you, because you're Soviet, and only a Soviet person can understand another Soviet person—you know what I mean." The Russian soul is an enigma. We lived together in a country where we were taught to die beginning in childhood. We learned death and dying. We weren't taught that humans are born for happiness, or love, it was drilled into us that humans exist in order to give of themselves, in order to burn, to sacrifice. We were taught to love people with weapons.

I have traveled this road for decades. I didn't always have the strength for it. Human beings have delighted me and frightened me. If I had grown up in another country, I couldn't have followed this path. Evil is merciless, you have to be vaccinated against it. We grew up among executioners and victims. Even if our parents were afraid and didn't tell us everything—and most of the time they didn't tell us anything at all—still, the very air we breathed was poisoned. Evil always kept its eye on us.

My first book, *War's Unwomanly Face*, is about war as it was seen and described by women. Why war? Because war has always been at the center of our lives. We are people of war. We have either been fighting or preparing to fight. Everything we know about the war we know from a "male voice." We are always captive to male ideas and the male experience of war. Male words. When women tell stories, they tend to adapt to the male canon, to describe men's war, not women's. In my journalistic travels I often met women serving in the military. If I was able to pry them away from clichés, the monstrous grimace of the mysterious could be glimpsed through their stories. It was a totally new kind of text. When women spoke there was little or none of the usual narrative: one group of people heroically kills another group of people and declares victory. Or defeat. A little about the kinds of weapons and which generals were present. Women's stories are different and they talk about different things. They have their own colors, space, and lighting. Their own words. There aren't any heroes or officially sanctified heroic exploits, there are just people, people who are engaged in the human business of inhumanity. And everything living suffers, not only people: birds, trees, animals.... They suffer without words, which is even more terrible. The grandiose, predatory world of war was revealed to me through their stories.

How can a person live through history and write about it at the same time? You can't grab just any old bit of life or existential "dirt" by the collar and drag it into a book. Into history. You have to transcend the time and "seize the spirit."

Men are hostages to the culture of war, but women are freer. Women's stories always contain the idea that when all is said and done, war is about killing. It's always about killing, no matter what.

I found texts, literature, everywhere. In city apartments and village huts, on the street, in the train. I learned how to listen, how to turn myself into one big ear.

After *War's Unwomanly Face*, I decided to follow the times. To follow human beings: how has this man changed, what is happening to this woman? What is happening to them, that is, to us? The story of one person is fate; the story of hundreds of people is history.

*Boys in Zinc* began with one little girl. I couldn't forget her. In the municipal cemetery in Minsk they were burying officers brought back from Afghanistan in zinc coffins. There were grandiose, combative speeches, wreaths.... A little girl tore away from the grownup's hand like a bird and cried out: "Papa! Papa! I drew lots of boats for you, just like you asked. Where are you?"

That is when I realized I had to go to Afghanistan, even though I thought that I could never write about war again. On television they were showing our troops planting trees and building houses in Afghanistan.... They talked about international obligations, state interests.

Finally, there I was, in the middle of the war....

The first time I drove along the streets of Kabul, I saw familiar posters: "Communism—is our bright future," "Kabul—is a city of the world," "The people and party are united!" It felt like I was in Minsk, not in Kabul.

Then, for the first time, I saw a person who had been killed. Not by lightning, not by the elements, but by another person.

I saw "Grad" rockets turn clay villages into plowed fields. I visited an endless Afghan cemetery, where an old Afghan woman howled like a wounded creature. It reminded me of the village near Minsk when they brought the zinc coffin into the house and the mother howled in the very same way. It wasn't a human cry and it wasn't the cry of an animal....

My first thought was: how will I ever find words for this? What sustained my hope? Witnesses. Only the words of witness were equal to what I saw and what I wanted to write about. Today, I see the witness as the main protagonist in literature. People say to me: "Well, you know, memories, recollections—that's not history and not literature either. It's just life, rubbish that the artist hasn't polished. It's the raw material of conversation, just chitchat." But I see things differently. It is there, in the live human voice, in the live reflection of reality, that the mystery of our presence is hidden, and the insurmountable tragedy of life is laid bare. Life's chaos and passion. Its singularity and inscrutability. Shouts and sobs can't be polished, or the main thing will be neither the tears nor shouts, but the polish.

I am building temples from our feelings...our desires and disappointments. Our reveries. From things that should not be allowed to disappear.

Before Afghanistan, I believed that we were building socialism with a human face. That is what my father taught me. I returned from Afghanistan free of all illusions. "Forgive me father," I said when I arrived home, "you raised me to believe in communist ideals, but once you've seen our soldiers killing people they don't know in a foreign land, all those ideals turn to dust." My father cried.

Life itself is unimaginably artistic all on its own. As cruel as this may sound—human suffering is especially artistic. This the dark side of art. I am always dealing with materials that lead right to the edge of the impossible. Where you are one on one with reality.

I spent 10 years writing the book about Chernobyl. After that experience, I can truly say that I don't write my books, I live through them.

Chernobyl was a sudden leap into a new reality. What happened there surpassed not only our knowledge, but our imagination. Everyone I talked to said the same thing: "I've never seen anything like it...." "I've never read about anything like this...." "I've never seen this in any film...." "No one has ever told me about anything like this." Everything was just as it had been, but the world had changed completely, including our knowledge about the horrors of war. In Chernobyl the trees were blooming, everything was growing, the birds were flying, but people could feel that death was present everywhere. Unseen, unheard. Death with a new countenance. The past was powerless to help us with any of it.

I went to Chernobyl. What I saw was cause for silence. People looked dazed, almost mad. We watched the top layer of contaminated earth being cut away and buried in special ditches. Earth was being buried in the earth. Soldiers washed the roads, the houses, the trees, the firewood.... And they buried, buried, buried. They buried things, eggs, milk, contaminated animals that had been shot. In the newspapers, information about Chernobyl consisted entirely of military words: explosions, heroes, soldiers, evacuation. Military equipment was headed for Chernobyl, carrying soldiers with automatic weapons. The system worked as it was supposed to in extreme circumstances: lots of machines and lots of soldiers. But a soldier with an automatic weapon was tragic in this new world. The only thing he could do was absorb huge doses of radiation and die when back at home. People were used to the idea of atomic war, but not atomic peace. They didn't yet realize that the atoms of war and peace are colleagues, they kill in exactly the same way.

I remember the evacuation of a village: the people got onto buses, but the dogs and cats ran loose, they were left behind. Humans saved only themselves. An old woman stood next to an old house, holding an icon, and refused to get on the bus. When she saw me, she came over and said: "I know what war looks like, but here the sun is shining, everything's in bloom, I even saw a mouse today. Why should I leave my cottage? How could this be war?" "Yes, this is war. This is probably how the wars of the future will begin," I thought. "Yes, it's war. A different kind of war, unknown to us."

An old beekeeper told me that the bees hadn't left their hives for a week, and the fishermen remembered that they couldn't find any worms, they had all gone deep into the earth. Bees, worms, and insects knew something that people didn't.

I realized that I didn't have any instruments, I didn't know how to approach the subject. The event was still outside of our culture. At the time I heard: "We're Belarussians—black boxes recording information for the future."

All around me I heard completely unknown texts.

For example, the wife of a fireman who helped to extinguish the fire on the roof of the reactor the first night kept repeating what the doctors told her: "You can't get close to your husband, you can't touch him or kiss him. He has severe radiation poisoning." The doctors wouldn't let her see him. "He isn't your beloved husband anymore," they said, "he's an object requiring to decontamination." You couldn't see radiation, your eyes weren't any help; it didn't have a smell, you couldn't touch it, you couldn't hear it. All our faculties: eyes, ears, fingers... nothing was of any use. New words were needed, and none were to be found.

Not far from the reactor I saw village boys on bicycles. They had come in the evening to look at the fire, to gaze at the dark pink glow emitted by the smoking reactor. The sky really was beautiful. Beauty and death were shoulder to shoulder. But we didn't know it yet.

The churches were full of people, but the only thing they found there was consolation. However, in order to survive, you have to understand. How can you resist something you don't know? People became philosophers. Faced with this mystery each person was left alone with himself. Chernobyl condemned each of us to endless solitude. Evil took place on such a scale that we surpassed our limits, but still couldn't understand it. Consciousness capitulated, science capitulated. But the subconscious began to work. People were afraid of particular monsters, they told stories of children with five heads, of headless, wingless birds.... They scared each other with fantasies: thousands of corpses are being buried in secret locations....

Belarus is an archaic, agrarian country. The peasants live close to nature. Simple tools are still used on the land: the ax, shovel, plow. What did I discover? Scholars, politicians, and the military were thoroughly baffled, but the old country folks' image of the world wasn't disturbed. I don't know what helped them. Perhaps it was their acceptance of the idea that they could disappear along with nature. "Nothing like this ever happened in Chekhov or Tolstoy," one teacher told me. Everyone sought his or her own point of reference in this new world. Official propaganda, culture, and philosophy were paralyzed. They kept quiet. If we had truly processed the meaning of Chernobyl, much more would have been written about it. The knowledge of our lack of knowledge hinders us. Chernobyl changed our understanding of time—many radioactive particles will live for a hundred, two hundred, a thousand years, thereby altering space. A few days after the accident, radioactive clouds were detected over Africa. Concepts like "our own" and "foreign" were obliterated. Borders don't exist for radiation.

In short, people were stunned, and I hurried—to listen, and to write everything down.

I didn't feel I was writing down the past, I was taking notes on the future. While you're talking about the catastrophe, you can't help thinking about the story of the catastrophe. How to go about finding the right language?

We all have many languages—we talk to ourselves in one language, to children in another, to someone we love in a third, and then there's the language we speak to animals... or to God.... Conversational language isn't burdened, it isn't preconceived. It goes its own way and celebrates: with syntax, intonation, accent. Feeling is resurrected accurately. I follow feelings, I am an historian of things that leave no trace.

In Afghanistan a soldier talked about how exciting it was to kill in a group. And how unpleasant it was to execute someone, especially if you'd seen this eyes.

In Chernobyl children came up to me and asked: "Miss, you're a writer, you must know, will the trees have leaves next year? Will there be little baby fish?"

I heard a young mother crying; her little girl had been born sick and lived less than a year. She only had three fingers on each hand. I put her little body in the coffin and thought: I wish she at least had all her fingers, I mean, she's a little girl, after all.

Will this remain in history? History would turn its back—but I am astounded.

If I hadn't read Dostoevsky, I would be in despair over the human soul, its limitlessness.

Afghanistan and Chernobyl buried the empire. We said farewell to the life we had lived, which was called socialism. My cycle of books was coming to an end. In the last book, *Secondhand Time*, I tried to listen honestly to all the participants in the communist drama. I didn't have to look for characters, we were all protagonists. The empire fell, but we remained. All of us, the people who came out of socialism, are and are not like other people. We have our concept of good and evil, heroes and martyrs. We have our own relationship to death. The words "execute," "liquidate," "eliminate," "firing squad," and "ten years without the right to correspond" (which means being arrested and disappearing) constantly arise in these stories. All are full of hatred and prejudice. We lived in a labor camp. A man may walk out the gates of the camp, but it doesn't mean he'll be a free man tomorrow. All he knows is the camp, the value placed on human life also comes from the camps. The writer Varlam Shalamov, who spent almost 20 years in the camps and left us fundamental documents about them, wrote: "The experience of the camp corrupts the executioner and the victim."

In the '90s the archives were opened and we were faced with those eternal Russian questions: what is to be done and who is to blame? Stalin? Beria? In my view, good and evil are at the root of our problems. In *Secondhand Time* one of the characters tells the story of how he was in love with his aunt Olya—she had a beautiful voice, and beautiful hair. Later, when he was in university, *perestroika* began, and his mother admitted to him that during the Stalinist purges Aunt Olya, her own sister, had written a denunciation of their brother, and that he had rotted away somewhere in the camps of Kolyma. When the storyteller came home for the holidays, he asked his Aunt Olya what she remembered about 1937, when her brother was arrested. "Oh! It was a marvelous time," Aunt Olya answered, "Everyone loved me, and I was in love." The young man asked another question: "But what about your brother?" "You couldn't find an honest person during Stalin's time. That's just the way things were," was her answer. What I want to say is that there is no chemically pure form of evil. Evil is Stalin, and pretty Aunt Olya, too.

The truth was terrifying, and dangerous. Our past frightened us, and the archives were soon closed. Communist monuments are still standing just like they were, plaster Lenins are everywhere, his body lies in the mausoleum—a pyramid of Cheops built in the 20th century. The Communist Party was never put on trial, there was no lustration. The past didn't let go of us, our heads are crammed with it.

I don't like to call what I do interviews—it's conversation about life. I come to people as a friend. We talk about everything: a new blouse, love, and war. The conversation shouldn't be artificial, there shouldn't be any barriers. We just talk. About good and evil, about socialism and capitalism, about freedom.... I've heard hundreds of answers to my questions. All of them represent us, as we are at this moment. In answer to the question: what kind of country should this be—a strong country, or an admirable one, where people live a good life? —eight out of 10 respondents choose a strong country. During *perestroika* we were romantics, we thought that freedom would arrive tomorrow. We had that naive certainty. Today we know that the road to freedom is long and hard. Many dangers and temptations await us along that road. We don't have any experience of freedom; the only experience we have is of labor camps.

Books pile up in the bookstores and markets by the hundreds. Everything has been published: Solzhenitsyn, Shalamov, Evgenia Ginzburg.... At one time, people were imprisoned for having these books, they were dismissed from universities. Nowadays people hurry past them. We are flooded with material goods: you can buy a new coffee grinder, a washing machine, there are dozens of kinds of sausage and cheese in the stores— all available and ready for the trying. The pinnacle of people's dreams is a used car from Europe, a Schengen visa, and a vacation in Turkey or Egypt. No one stands in line all night for books anymore. We were all sick, unhappy. People want to live, just live, to experience the joy of pretty things, of clothes.

The Red Empire's collapse was a unique historical occurrence. The sharp turn from socialism to capitalism shook people profoundly, they weren't prepared for it. This was the first time in history such a turn had taken place. The country was divided: some remember *perestroika* as a great time. I remember how people's faces changed immediately, even the flow of their movements. The air of freedom was intoxicating. My generation was ecstatic; it wanted to destroy communism, and it was destroyed. Others think that it was a geopolitical catastrophe. I remember how wonderful it was to sit in our kitchens and dream about a free country; but when we were thrown out of that closed circle into the world, into a common reality, we were frightened. We imagined freedom as a holiday, we walked along the streets and plazas chanting "Free-dom! Free-dom!" but had no idea what freedom was. I ask people I talked to: "How did you imagine freedom in the '90s?" "We thought we would have the same kinds of stores they had in the West. There would be a lot of everything, no shortages." No one imagined freedom as work. When they understood, everyone was unsettled. Intellectuals as well as the politicians. They didn't think that freedom would demand free individuals, which we were not. We didn't let the world in, we closed ourselves off. Now we scare everyone—Russians are good soldiers, they'll do anything, life is cheap over here. We only know one way of making others respect us—they must fear us.

Putin came on the scene—and the world is afraid of us.

I am not a politician, nor an economist. I am an artist. I had to organize all this chaos, and feel out the energy lines of the time. And do it through art. I needed to let each person shout out his own truth, in order to understand who we all are. Executioners and victims speak in this book, young and old. Answers are born at the intersection of all these views. And questions, more questions.... How did Putin manage to resurrect the Stalinist machine so quickly? Once again the FSB (formerly the KGB) can burst into any home, confiscate computers, put bloggers on trial for a post supporting Ukraine; supposed spies are being hunted down and put on trial throughout the country—scholars, teachers, military personnel. People are frightened and we don't know what is really happening in society, or what it really thinks. It's hard to understand. And there is one question I have never found an answer to: why is it that our suffering doesn't convert into freedom?

I follow the times, and the human being.

## ABOUT SVETLANA ALEXIEVICH

Svetlana Alexievich was born in Ukraine in 1948 and was raised and educated in Belarus. She trained as a journalist but was soon drawn to literature. Influenced by the Belarussian writer Ales Adamovich, Alexievich went on to create her own genre, which she has described as "a chorus of individual voices and a collage of everyday details." Researching and writing her books, she says, allows her to be "simultaneously a writer, reporter, sociologist, psychologist, and preacher."

Alexievich's nonfiction books have been published in more than 50 countries and translated into more than 40 languages. She has also written the scripts for three plays and more than 20 documentary films. She has won many awards for her writing, including the 2015 Nobel Prize in Literature. The Nobel Committee wrote that her "polyphonic writings... [are] a monument to suffering and courage in our time."

## ABOUT THE BARTELS FELLOWSHIP

The Henry E. and Nancy Horton Bartels World Affairs Fellowship was established in 1984 to bring prominent international leaders to Cornell University's campus in Ithaca, New York. In addition to delivering a major public lecture for the university and local community, Bartels Fellows spend two or three days interacting with faculty and students. The fellowship is awarded and administered by the Mario Einaudi Center for International Studies.

## ABOUT THE EINAUDI CENTER

The Mario Einaudi Center for International Studies was established in 1961 to enhance Cornell's research and teaching about the world's regions, countries, cultures, and languages. In 1990 it was named for its founding director, the political theorist Mario Einaudi. Today the center houses area studies and thematic programs; organizes speaker series, conferences, and events; provides grants and support to faculty and students; and brings together scholars from many disciplines to address complex international issues.

# В ПОИСКЕ СВОБОДНОГО ЧЕЛОВЕКА

## История русско-советской души

## СВЕТЛАНА АЛЕКСИЕВИЧ

ЛАУРЕАТ НОБЕЛЕВСКОЙ ПРЕМИИ ПО
ЛИТЕРАТУРЕ 2015 ГОДА

Лекция Фонда Меюдународных Дел Генри И. Бартельса
и Нэнси Хортон Бартельс

12 сентября 2016 года Корнельский Университет

**Я ЛЮБЛЮ ЖИВУЮ ЖИЗНЬ,** ту, что на улицах, в человеческом разговоре, крике, плаче. Там она подлинная, не обработанная еще чьей-то мыслью и талантом.

Наверное, я научилась этому в детстве. В доме моих родителей, сельских учителей, всегда было полно книг. Но вечером от книг меня тянуло на улицу, где собирались на лавочках деревенские женщины. Время было послевоенное, еще подрывались в лесу мальчишки на немецких и партизанских минах, а в деревнях, как я помню, жили одни женщины. Мужчины не вернулись с войны. Вечером, подоив коров и справившись с домашней работой, женщины сидели на лавочках и говорили о жизни и о смерти—вспоминали войну: как провожали своих любимых на войну, как ждали. Как верили цыганкам, обещавшим им чудо. Их рассказы потрясали больше книг. Жизнь казалась таинственной и страшной.

Долго искала я жанр, который отвечал бы тому, как я вижу мир. Тому, как устроен мой глаз, мое ухо . . . Моя память . . .

И выбрала жанр человеческих голосов . . . В моих книгах обычный, или, как его еще называют, маленький человек сам рассказывает о себе. Я высматриваю, выслушиваю свои книги на улицах, за окном. Иногда могу просидеть целый день с одним человеком. Мне важно словить слово на лету, в рождении. Не упустить разговорную часть жизни, к которой мы относимся невнимательно и небрежно, и она исчезает в суете дней, в темноте времени. То, что это может быть литературой, кажется неожиданным. А я хотела бы все, что есть наша жизнь, сделать литературой. И ежедневное слово тоже.

Более 30 лет я писала свою хронику «красной» империи. Это был невиданный коммунистический проект на огромном пространстве с большим количеством людей—более двухсот миллионов. Русские большевики пытались переделать человека, ветхого Адама, в отдельный человеческий тип—homo soveticus. «Красный» человек, о котором я пишу, это человек советской идеи. Строитель коммунизма, как называл он себя. Хроника состоит из пяти книг, и, в тоже время, это как бы одна книга об истории русско-советской души, прослеженной на протяжении почти ста лет. Десятков поколений. Я еще успела застать людей, которые видели Ленина и Сталина, они сидели в сталинских лагерях, но верили в Сталина, дорожили своими партбилетами, красными книжечками с профилями вождей. Помню, как старая коммунистка, отбывшая где-то в далекой Сибири свой срок от звонка до звонка—семнадцать дет, чудом там уцелевшая, для меня так воскресшая из мертвых, грозилась, что напишет донос в КГБ, потому что я клевещу на великого вождя и великое время. Коммунистическая вера была для них религией.

Большую часть жизни я прожила среди этих людей. Этой жизни. Таким был и мой отец, он до конца верил в партию и попросил похоронить партбилет вместе с ним. Последнее, смертельно зараженное коммунизмом поколение. Очарованное утопией.

Даже мы, их дети, их не понимаем. Герои моих последних книг уже были другими . . . Они рассказывали, как воевали в Афганистане, не понимая за что там умирают, рассказывали, как сгребали лопатами расплавленный графит с крыш чернобыльского реактора, делали работу роботов. Как распалась великая «красная» империя, и они остались растерянными в этом новом мире.

Меня интересовал домашний социализм, не героический, помпезный, а тот, который живет в человеческой душе. Я уменьшаю великое до человеческих размеров. Я—историк души. Для меня чувства тоже документ. Занимаюсь пропущенной историей, тем, что история обычно пропускает, история высокомерна и небрежна к маленькому, человеческому. В моих книгах звучит хор и всегда можно расслышать одинокий человеческий голос. Человек для меня существует одновременно в двух мирах—в конкретном времени и в космосе, в вечном. Каждую книгу я пишу 5-7 лет, записываю 500-700 человек—разного возраста, разных профессий, потому что одну войну видела пулеметчица, а другую летчица, которая за всю войну могла не увидеть убитого, она видела только небо. А пулеметчица рассказывала о рукопашном бое, когда человек уже не человек, а зверь, который хочет жить. Режет, колет—в глаза, сердце, живот . . .

Свои книги я собираю из сотен деталей, оттенков, нюансов. Случалось, что после целого дня разговора оставалась только одна фраза. Но какая! «Я такая маленькая пошла на фронт, что за войну даже подросла». Или вот сижу часа четыре с женщиной, в войну она была автоматчицей и слышу только газетные банальности: «Началась война . . . И мы, советские девочки, вместе с мужчинами рвались на фронт. Так нас воспитала Родина . . .» Уже хочу уйти из этого дома, не надеюсь, что прорвусь сквозь банальности. Пропаганду. Мужской канон. Очень часто моим собеседницам хотелось рассказывать, как мужчина. А я искала детали, запахи, оттенки, которыми женская война отличается от мужской. И вот уже в прихожей, когда я одеваюсь, женщина просит: «Посиди. Я тебе расскажу . . . Ты никогда не поймешь, как страшно умирать на рассвете. Птицы поют, тишина, а через несколько минут будет команда: «Стрелять!». А трава такая чистая, воздух такой светлый, а надо умирать». Вот тут начинается литература . . . И дальше, уже в конце разговора она вспомнит: «После боя мы ходили по полю и искали живых, вдруг кто-то жив. А они лежат на потоптанной пшенице рассыпанные как картошка, и в небо смотрят—немцы и наши солдаты. Все молодые, хорошие. И тех и других жалко».

Моей целью никогда не было собрать коллекцию ужасов времени, оглушить читателя, я собираю человека. Вопрос Достоевского: «Сколько человека в человеке?» Как этого человека в человеке защитить? Я ищу ответ на этот вопрос. Я собирала человеческий дух. Скажете: эфемерная вещь, неуловимая. Но искусство пытается. У каждого времени свои ответы . . .

Это долгая работа сложить из рассказов образ времени—что за люди жили в то время, как думали, чувствовали? Во что верили, чего боялись? Их суеверия, смутные догадки о смысле жизни . . . У тех, кто воевал, я у всех спрашивала: как человек остается один на один с мыслью, что он имеет право убить другого человека? Убить и не сойти с ума. Слишком просто умирали и слишком просто убивали люди ради великой идеи. Чтобы новое услышать, надо по-новому спросить. Я должна быть интересным человеком. Мне самой тоже надо вырваться из хищных объятий времени, отползти хотя бы немного в сторону.

У всех моих книг была сложная судьба. Одни долго не печатали, как, например, «У войны не женское лицо», другие даже судили настоящим судом. Судили книгу «Цинковые мальчики». Когда я увидела в зале суда Наташу М., очень удивилась, подошла к ней: «Наташа,—спросила я ее,—а вы что здесь делаете? Вы просили написать всю правду, и я ее написала». Помню маленький гроб ее сына, который еле втиснули в девятиметровую комнату в бараке, она сидела возле него и в безумии то тихо, то громко кричала: «Гроб такой маленький, а ты у меня был большой, под два метра, ты ли там, сынок, ответь маме». Мне она рассказала, как в доме не нашлось никаких дорогих вещей, чтобы откупить сына от войны. «Я бы все отдала, я бы его выкупила, как другие, но у меня даже золотых сережек не было. Напиши,—плакала она,—сын был столяр. Его призвали в армию, и с первого дня он не на учения ходил, а генералам дачи ремонтировал. Его даже стрелять не научили. Убили в первый же месяц».—«Что же, Наташа, ты здесь делаешь?—не могла поверить я.—«Мне нужен сын герой, а ты написала, что он убийца. Как они убивали . . .» Что я могла ей ответить, если даже страдание не сделало ее свободной. Мы были не просто рабы, а романтики рабства.

Книгу «У войны не женское лицо» три года не печатали, обвинив меня в натурализме, пацифизме. Цензора особенно возмущал эпизод, рассказывающий, как идет 200 военных девчонок, а за ними идут мужчины, и мужчины стараются не смотреть вниз, на песке остаются кровавые следы. У женщин есть особые дни, им нужна была вата или еще что-нибудь, а это в советской армии не давали. Женщинам стыдно. Когда они доходят до переправы, их начинают бомбить. Мужчины прячутся, а женщины все в воду, чтобы помыться—отличная мишень! Почти всех их расстреливают с воздуха. «Что вы в биологию лезете! Надо героизм описывать!»—кричал цензор. Пыталась ему доказать, что человек—он всякий, он из всего и из биологии тоже. Тело меня интересует как связь между природой и историей. Идеалы не могут быть гипсовыми как памятники. Все-таки из первого издания эту страницу вычеркнули. Я смогла ее восстановить только через 10 лет. В годы перестройки. Цензор даже такой абзац выбросил: я спрашивала женщину, бывшую снайпером: «Что вы взяли с собой на войну?—Ответ: «Чемодан конфет. На всю последнюю зарплату купила шоколадных конфет». И мы хохочем. «Разве это история? Эти конфеты . . .»—был разозлен цензор. «История,—ответила я.—Такие детали потрясают больше всего».

Иногда меня упрекают, что в моих книгах люди слишком красиво говорят. В любви и возле смерти человек всегда говорит красиво, в эти моменты он выше себя обычного, поднимается на цыпочки. Вот такого человека я сторожу. Выглядываю в жизни. Человека, потрясенного жизнью. Бытием. Рассказывая, человек творит, он не копирует реальность, а творит. Воспоминания—живые существа. В свои воспоминания люди складывают всю свою жизнь: что читали, о чем думали, счастливы или нет. Документы движутся вместе с человеческой душой, наивно думать, что это некое каноническое знание, которое недвижимо и механически передается из одного время в другое. После перестройки многие мои герои добавили целые страницы в свои рассказы, они стали свободнее и глубже заглянули в самих себя. Глубже и отважнее. Я получала письма: «Тогда я боялась . . . Вы же знаете, как опасно было говорить о Сталине. Даже о войне нельзя было сказать всю правду. А теперь решила написать . . .»

С годами я тоже изменилась, я тоже больше знаю и догадываюсь о человеке. Знаю, чувства не простая, прямолинейная, голая вещь. Документ может обо всем рассказать, все поднять. Меня всегда мучило, что правда не вмещается в одно сердце, в один ум. Что она такая раздробленная, ее много и она рассыпана в мире. Не соглашаюсь, когда мне говорили, что документ не может рассказывать о личном, сокровенном. Об этом трудно написать, но можно написать. Кто поверит человеку без этого . . . без сердца . . .

Мои герои часто признавались мне: вам расскажу, потому что только советский человек может понять советского человека. Мол, другие нас не понимают. Русская душа загадка. А мы жили в стране, где нас с детства учили умирать. Учили смерти. Нас не учили, что человек рождается для счастья, для любви, нам твердили, что человек существует, чтобы отдать себя, чтобы сгореть, чтобы пожертвовать собой. Учили любить человека с ружьем.

Мой путь растянулся на десятки лет. Не всегда он был мне под силу. Я восхищалась человеком и пугалась его. Если бы я родилась в другой стране, то я бы не смогла пройти этот путь. Зло беспощадно, к нему нужно иметь прививку. Но мы выросли среди палачей и жертв. Пусть наши родители жили в страхе и не все нам рассказывали, а чаще ничего не рассказывали, но сам воздух нашей жизни был отравлен. Зло все время подглядывало за нами.

Первая моя книга «У войны не женское лицо»—о войне, увиденной и рассказанной женщиной. Почему о войне? Потому что война всегда в центре нашей жизни. Мы—военные люди. Мы или воевали или готовились к войне. Все, что мы знаем о войне, мы знаем с «мужского голоса». Мы все в плену «мужских» представлений и «мужских» ощущений войны. «Мужских» слов. Рассказывая, женщины всегда подстраиваются под «мужской» канон, рассказывают не «женскую», а «мужскую» войну. В своих журналистских поездках я часто встречалась с военными женщинами. Если удавалось их вырвать из банальности, в их рассказах проглядывал чудовищный оскал таинственного . . . новый текст . . . Когда женщины говорили, у них не было или почти не было того, к чему мы привыкли, как одни люди героически убивали других и победили. Или проиграли. Какая была техника и какие генералы. Женские рассказы другие и о другом. Там свои краски, пространство и освещение. Свои слова. Там нет героев и казенных подвигов, там есть просто люди, которые заняты человеческим нечеловеческим делом. И страдает все живое, а не только люди: птицы, деревья . . . Страдают они без слов, что еще страшнее. Мне открывался грандиозный и хищный мир войны.

Как одновременно переживать историю и писать о ней? И нельзя любой кусок жизни, всю экзистенциальную «грязь» взять за шиворот и втащить в книгу. В историю. Надо «проломить» время и «уловить дух».

Если мужчина заложник культуры войны, то женщина свободна. В женских рассказах все равно присутствует мысль, что война—это убийство. Все равно убийство.

Тексты я находила всюду. В городских квартирах и деревенских избах, на улице, в поезде. Я училась слушать, все больше превращаясь в одно большое ухо.

После первой книги «У войны не женское лицо» я решила идти за временем. Идти за человеком: как он меняется, что с ним происходит? С ним, а значит с нами. Рассказ одного человека—это его судьба, а рассказ сотни людей—история.

Книга «Цинковые мальчики» началась с маленькой девочки. Я не могла забыть ее. На городском кладбище в Минске хоронили офицеров, которых привезли в цинковых гробах из Афганистана. Воинственные речи, венки . . . А маленькая девочка, как птичка, вырывалась из рук взрослых и кричала: «Папа! Папа! Я тебе нарисовала много корабликов, как ты просил. Где ты?»

Я поняла, что я поеду . . . я должна поехать в Афганистан . . . Хотя до этого мне казалось, что я не смогу больше писать о войне. По телевизору показывали, как наши военные сажают деревья в Афганистане, строят дома . . . Говорили об интернациональном долге, державных интересах.

И вот я сама на войне . . .

Первый раз, проезжая по улочкам Кабула, увидела знакомые плакаты «Светлое будущее-коммунизм», «Кабул—город мира», «Народ и партия едины». Ощущения, что я в Минске, а не в Кабуле.

И вот я первый раз сама вижу убитого человека. Убитого не молнией, не стихией, а другим человеком.

Я увидела, как установка «Град» превращает глиняные кишлаки в перепаханное поле. Была на бесконечном афганском кладбище, где кричала, как раненый зверь, старая афганка. Я вспомнила, как в деревне под Минском внесли в дом цинковый гроб, и точно так же выла мать. Это не человеческий крик был и не звериный . . .

Первая мысль: как найти слова? Кто мне дал надежду? Надежду дал свидетель. Только его слова были равны тому, что я увидела и о чем хотела рассказать. Сегодня для меня свидетель—главный герой литературы. Мне говорят: ну, воспоминания—это не история и не литература. Это просто жизнь, замусоренная и не очищенная рукой художника. Сырой материал говорения. Но для меня все иначе . . . Именно там, в живом человеческом голосе, в живом отражении реальности скрыта тайна нашего присутствия здесь, обнажен неустранимый трагизм жизни. Ее хаос и страсть. Единственность и непостижимость. Плач и крик нельзя подвергать обработке, иначе главным будет не плач и крик, а обработка.

Я строю храмы из наших чувств . . . наших желаний и разочарований. Мечтаний. Из того, что было, не может ускользнуть.

До Афганистана я верила, что мы построим социализм с человеческим лицом. Так учил меня отец. Из Афганистана я вернулась свободной от всех иллюзий. «Прости меня, отец,—сказала я вернувшись с войны,— ты воспитывал меня с верой в коммунистические идеалы, но достаточно один раз увидеть, как убивают наши солдаты, на чужой земле убивают неизвестных им людей, чтобы все эти идеалы превратились в прах». Отец заплакал.

Жизнь немыслимо художественна сама по себе, и как это ни жестоко звучит—особенно художественно человеческое страдание. В этом темная сторона искусства. Я всегда занимаюсь тем материалом, который подводит к границе невозможного. Ты остаешься один на один с реальностью.

Книгу о Чернобыле я писала 10 лет. После нее я могу сказать, что не пишу, а проживаю свои книги.

Чернобыль был прыжком в новую реальность. Произошедшее превосходило не только наше знание, но и наше воображение. Все, с кем я говорила, постоянно повторяли: «Я нигде об этом не читал», «Я никогда это ни в одном кино не видел», «Никто ничего подобного мне не рассказывал». Все было как прежде, но мир совершенно изменился. Накопленные нами знания об ужасах связаны с войной. А в Чернобыле цвели деревья, все росло, летали птицы, но люди чувствовали, что во всем присутствует смерть. Невидимая, неслышная. Смерть в новом обличии. Прошлое было бессильно нам в чем-либо помочь.

Я поехала в чернобыльскую зону. То, что я там увидела, заставляло молчать. У всех были растерянные, почти сумасшедшие лица. Смотрели, как срезают верхний зараженный слой земли и хоронят в специальных ямах. Землю хоронили в земле. Солдаты мыли дороги, дома, деревья, дрова . . . И хоронили, хоронили. Хоронили вещи, яйца, молоко, хоронили расстрелянных зараженных животных. Чернобыльская информация в газетах была сплошь из военных слов: взрыв, герои, солдаты, эвакуация . . . По направлению к Чернобылю двигалась военная техника, в кузовах машин сидели солдаты с автоматами. Система действовала, как обычно в экстремальных условиях—много техники, много солдат, но солдат с автоматом в этом новом мире был трагичен. Все, что он мог—набрать большие радиодозы и умереть, когда вернется домой. К военному атому люди были готовы, к мирному нет, они еще не знали, что военный и мирный атом—сообщники, они одинаково убивают.

Помню, как эвакуировали одну деревню: люди садились в автобусы, а собаки и кошки бегали вокруг, их оставляли. Человек спасал только самого себя. Возле старого дома стояла старая женщина с иконой и не хотела садиться в автобус. Увидев меня, она подошла и спросила: «Я видела войну, а тут солнце светит, даже мышку сегодня видела, почему я должна бросить свою хатку? Разве это война?» «Да, это война. Наверное, так и будут начинаться войны будущего,—подумала я.—Да, это война. Это другая война, нам неизвестная».

Старый пасечник рассказывал, как пчелы неделю не вылетали из улья, а рыбаки вспоминали, что не могли выкопать ни одного червяка, они ушли глубоко в землю. Пчелы, червяки, жуки что-то знали, чего еще не знал человек.

Я поняла, что у меня нет инструмента, подхода к этой теме. Событие еще вне культуры. В те дни я услышала: «Мы беларусы—черные ящики, которые записывают информацию для будущего».

Повсюду звучали совершенно незнакомые тексты.

Вот, например, рассказ жены пожарника, тушившего пожар на крыше реактора в первую ночь: «Тебе нельзя подходить к своему мужу, нельзя его гладить, целовать. У него острая лучевая болезнь.—Не пускали ее врачи к мужу.—Пойми, это уже не любимый человек, а объект, подлежащий дезактивации». Радиацию нельзя было увидеть—глаза не годились, у нее не было запаха, к ней нельзя было дотронуться, нельзя было услышать—уши, нос, пальцы—ничего не годилось. Нужны были новые слова, их тоже не было.

Недалеко от реактора я увидела деревенских мальчишек на велосипедах, они приехали вечером посмотреть на пожар, на малиновое сияние, исходящее от дымящего реактора. Небо действительно было красивое. Красота и смерть были рядом. Но мы еще об этом не знали.

Церкви были полны людей, но единственное, что они там находили— это утешение. Но чтобы выжить, надо было понять. Как оказывать сопротивление тому, чего не знаешь? Люди становились философами, потому что перед лицом этой мистерии каждый был представлен самому себе. Чернобыль каждого из нас осудил на бесконечное одиночество. Зло приняло такие размеры, что мы вышли за свои пределы, но все равно не могли его понять. Сознание капитулировало, наука капитулировала. А подсознание начало работать. Люди боялись неких монстров, рассказывали о детях с пятью головами, о птицах без головы и без крыльев . . . Пугали друг друга фантазиями: в секретных местах закапывают тысячи трупов . . .

Беларусь—аграрная страна, архаическая. Крестьяне живут в тесной связи с природой. До сих пор еще на своих усадьбах используют простые орудия—топор, лопату, плуг. Что я открыла для себя? Если ученые, политики, военные были растеряны, то у деревенских старых людей картина мира не нарушилась. Не знаю, что им помогало. Может смирение перед тем, что они могут исчезнуть вместе с природой. «Вот ничего, что с нами происходит, нет ни у Чехова, ни у Толстого»— сказала мне одна учительница. Все сами искали новые ориентиры в этом новом мире. Официальная пропаганда, культура, философия были парализованы. Хранили молчание. Если бы мы осмыслили Чернобыль, то о нем было бы написано намного больше. Знание о нашем незнании мешает нам. Чернобыль изменил наше понятие времени— многие радиочастицы будут жить сто, двести, тысячу лет, изменив пространство—через несколько суток радиоактивные тучи были уже над Африкой. Перечеркнуты такие понятия, как «свои» и «чужие». Для радиации не существует границ.

Одним словом человек был потрясен, и я торопилась—услышать, записать.

У меня не было ощущения, что я записываю прошлое, я записывала будущее. И постоянное чувство, рассказывая о катастрофе, не можешь не думать о катастрофе рассказа. А все-таки, как найти язык?

У нас много языков—на одном языке мы говорим сами с собой, на другом с детьми, на третьем с любимыми, а еще есть язык, на котором мы говорим с животными . . . С Богом . . . Язык разговорной речи не обременен, выпущен на волю. Все гуляет и празднует: синтаксис, интонация, акценты, и восстанавливается в точности чувство. Я слежу за чувствами, я историк бесследного.

В Афганистане солдат рассказывал, как азартно убивать вместе. И как неприятно расстреливать, особенно если увидел глаза человека.

В Чернобыле дети подходили и спрашивали: «Тетя, ты писатель, ты должна знать, а будут ли в будущем году у деревьев листочки? Появятся ли у рыб мальки?»

Я слышала, как плакала молодая мама, у которой родилась больная девочка и прожила всего год: «У нее было только три пальчика на каждой руке. Я клала ее тельце в гробик и думала: «Хоть бы у нее пальчики были все, она же девочка».

Разве это останется в истории? История отвернется, а я потрясена.

Если бы я не читала Достоевского, я была бы в отчаянии перед человеческой душой, перед ее бесконечностью.

Афганистан и Чернобыль похоронили империю. Мы простились с той нашей жизнью, которая называлась социализм. Мой цикл заканчивался. В заключительной книге цикла «Время сэконд-хэнд» я попыталась честно выслушать всех участников коммунистической драмы. Героев не надо было искать, были мы все. Империя пала, а мы остались. Все мы, люди из социализма, похожи и не похожи на остальных людей, у нас свои представления о добре и зле, о героях и мучениках. У нас свои отношения со смертью, в рассказах постоянно звучат слова: «расстрелять», «ликвидировать», «пустить в расход», «десять лет без права переписки» (что означало исчезновение, арест). Все полны ненависти и предрассудков. Жили в лагере. Если человек вышел за ворота лагеря, это не значит, что назавтра он свободный человек. Все, что он знает—это лагерь, цена человеческой жизни тоже оттуда, из лагеря. Писатель Варлам Шаламов, оставивший незыблемые документы о лагере, просидел он почти 20 лет—писал: «Лагерный опыт развращает и палача и жертву».

В 90-ые годы открыли архивы, и перед нами встали вечные русские вопросы: что делать и кто виноват? Сталин? Берия? На мой взгляд, коренная наша проблема—проблема добра и зла. В книге «Время сэконд-хэнд» есть такая история: один из героев рассказывает, как мальчишкой был влюблен в тетю Олю—красивый голос, красивые волосы. Потом, когда он учился уже в университете, началась перестройка, и мама ему призналась, что ее сестра, тетя Оля, в годы сталинских репрессий донесла на собственного брата, и он сгинул где-то на Колыме. Когда он приехал домой на каникулы, он спросил у тети Оли, что она может вспомнить о 37-ом годе, когда арестовали брата. «О! Это было прекрасное время,—ответила тетя Оля,—меня любили, и я любила». Юноша задал ей еще один вопрос: «А как же брат?»—«Попробовал бы

ты найти в сталинское время честного человека. Время было такое»—
услышал он в ответ. Я о том, что нет химически чистого зла. Зло это и
Сталин, и красивая тетя Оля.

Правда была страшной, опасной. Мы испугались своего прошлого, и
архивы быстро закрыли. Как стояли, так и стоят везде коммунистические
памятники, везде гипсовый Ленин стоит, тело лежит в мавзолее—
пирамида Хеопса, построенная в XX веке. Не судили компартию, не
было люстрации. Прошлое не отпустило, мы все им нашпигованы.

То, что я делаю, я не хочу называть интервью—это разговор о
жизни. Я прихожу к другому человеку, как к другу. Мы разговариваем
обо всем: и о новой кофточке, и о любви, и о войне. В этом разговоре
не должно быть никакой искусственности, никакого барьера. Мы
просто разговариваем. О добре и зле, о социализме и капитализме, о
свободе . . . Слышала сотни ответов. Все они это и есть мы, какие мы
сейчас. На вопрос: какой должна быть страна—сильной или достойной,
где людям хорошо жить, восемь человек из десяти выбирали—сильной.
В перестройку мы были романтиками, мы думали, что свобода будет
завтра. Была у нас такая наивная уверенность. Сегодня мы знаем, что
свобода—это долгий путь. На этом пути нас ждет много опасностей и
искушений. У нас нет опыта свободы, у нас только лагерный опыт.

На книжных развалах лежат сотни книг, все напечатали:
Солженицына, Шаламова, Гинзбург . . . За эти книги когда-то сажали
в тюрьму, выгоняли из университетов. Теперь люди пробегают мимо.
Захлестнуло материальное: купить новую кофемолку, стиральную
машину, в магазинах десятки сортов колбасы и сыра—все попробовать.
Предел мечтаний—старая машина из Европы, шенгенская виза и
поездка в Турцию, Египет. Уже никто не стоит всю ночь в очереди за
книгой. Все мы были больны, несчастны. Людям хочется жить, просто
жить, узнать радость от красивой вещи, одежды.

Опыт развала «красной» империи уникален. Крутой поворот от
социализма к капитализму потряс людей, они не были к этому готовы.
Такой поворот случился впервые в истории. Страна разделилась: одни
вспоминают время перестройки как великое время. Я помню, как сразу
поменялись лица людей, даже пластика движений. Пьянил воздух
свободы. Мое поколение счастливо: оно хотело разрушить коммунизм,
и оно его разрушило. Другие считают, что это была геополитическая

катастрофа. Я вспоминаю, как хорошо сидели мы на кухнях, мечтали о свободной стране, а когда нас выбросило из замкнутого круга в мир, в общую реальность, испугались. Свобода представлялась праздником, ходили по улицам и площадям, скандировали: «Свобода! Свобода!», но понятия не имели, что это такое—свобода. Я спрашивала у своих героев: «Как вы представляли себе свободу в 90-ые годы?»—«Мы думали, что у нас будут такие же магазины, как на Западе. Будет полно всего». Никто не представлял свободу как работу. Когда поняли, все растерялись. И интеллектуалы, и политики. Не представляли, что свобода потребует свободных людей, какими мы не были. Мы не впустили в себя мир, закрылись от него. Теперь всех пугаем, что русские хорошие солдаты, за ценой не постоят, жизнь у нас дешевая. Знаем один способ, как заставить нас уважать—нас должны бояться.

Пришел Путин—и мир нас боится.

Я не политик и не экономист, я художник. Весь этот хаос мне надо было организовать, нащупать силовые линии. Сделать это искусством. Дать каждому прокричать свою правду, чтобы понять кто мы. В книге говорят палачи и жертвы, молодые и старые. На пересечении версий рождается ответ. И вопросы, вопросы . . . Каким образом так быстро Путин восстановил сталинскую машину? Опять ФСБ (бывшее КГБ) может ворваться в любой дом, конфисковать компьютер, засудить блогера за пост в поддержку Украины, по всей стране ищут и судят якобы шпионов—ученых, учителей, военных. Люди запуганы, и что на самом деле происходит в обществе, что оно думает—неизвестно. Непонятно. На один вопрос я так и не нашла ответ: почему наши страдания не конвертируются в свободу.

Я иду вслед за временем. За человеком.

## О СВЕТЛАНЕ АЛЕКСИЕВИЧ

Светлана Алексиевич родилась в Украине в 1948 году; выросла и получила образование в Беларуси. Она училась ана юурналиста, но со временем стала писателем. При творческой поддержке Беларусского писателя Алеся Адамовича, Светлана Алексиевич создала свой собственный жанр, который она определяет как хор отдельных голосов и коллаж деталей повседневности. Сбор материала и процесс написания книг, по ее словам, позволяют ей быть одновременно и писателем, и репортером, и социологом, и психологом, и проповедником.

Пять документальных книг Алексиевич были опубликованы в более чем патидесяти странах и переведены на более сорока языков. Ее перу также принадлеюат три пьесы и сценарии более чем двадцати документальных фильмов. Ее творчество принесло ей много различных премий, а в 2015 году ей была присуждена Нобелевская премия по Литературе. Согласно формулировке Нобелевского комитета, ее "полифоническое письмо является памятником страданию и мужеству современной эпохи".

## О ПОЧЕТНОЙ СТИПЕНДИИ (СЕМЬИ) БАРТЕЛЬС

Почетная стипендия Генри И. Бартольса и Нэнси Хортон Бартельс была основана в 1984 году с целью обеспечить возможность приглашения выдающихся деятелей международной политики для выступления в Корнельском университете в городе Итака, штат Нью-Йорк. В дополнение к публичной лекции, открытой для университетского сообщества и широкой публики, лауреаты этой стипендии, проводят два или три дня в университетском кампусе, встречаясь и общаясь с преподавателями и студентами.

Присуждение Бартельсовских стипендий и связанные с ней процедурные вопросы находятся в ведении Центра Международных Исследований Марио Эинауди.


## О ЦЕНТРЕ ЭИНАУДИ

Центр Международных Исследований Марио Эинауди был основан в 1961 году с целью поддержки исследования, изучения и преподавания в Корнеле тем, связанных с различными регионами и странами мира, их культуры и языков. В 1999 году Центру было присвоено имя его основателя и первого директора, ученого-политолога Марио Эинауди. На сегодняшний день, Центр является домом международных исследований и тематических программ, организует серии выступлений приглашенных докладчиков, конференции и другие мероприятия, распределяет денежные гранты и стипендии для преподавателей и студентов, и организует встречи ученых, работающих в различных областях исследований, для обсуждения сложных вопросов, касающихся международных проблем.

www.ingramcontent.com/pod-product-compliance
Ingram Content Group UK Ltd.
Pitfield, Milton Keynes, MK11 3LW, UK
UKHW032333060125
453254UK00004B/183